COLONIE DE MADAGASCAR ET DÉPENDANCES

Gouvernement Général

CRÉATION DU CONSEIL CONSULTATIF

DES INTÉRÊTS ÉCONOMIQUES

de Madagascar et Dépendances

Arrêté du 30 Janvier 1920

TANANARIVE
IMPRIMERIE OFFICIELLE
1920

COLONIE DE MADAGASCAR ET DÉPENDANCES

Gouvernement Général

CRÉATION DU CONSEIL CONSULTATIF
DES INTÉRÊTS ÉCONOMIQUES
de Madagascar et Dépendances

Arrêté du 30 Janvier 1920

TANANARIVE
IMPRIMERIE OFFICIELLE
1920

PRÉSENTATION

PAR LE GOUVERNEUR GÉNÉRAL p. i.

au conseil d'administration, en séance du 30 janvier 1920,
du projet d'arrêté créant/ le conseil consultatif des
intérêts économiques de Madagascar et Dépendances.

MESSIEURS,

Dans sa séance du 3 novembre dernier, le conseil d'administration a été appelé, une première fois, à examiner un projet d'arrêté ayant pour objet la réorganisation du comité consultatif permanent des études économiques, institué à Tananarive, pour toute la Colonie, par un acte du pouvoir local du 17 janvier 1918.

Dès l'armistice, le Gouvernement de la Colonie avait entrepris l'étude de l'ensemble des mesures susceptibles d'assurer, désormais, la large représentation des intérêts économiques auprès du chef de la Colonie et des autorités provinciales. C'est pourquoi il avait, tout d'abord et pour une première étape expérimentale dans cette voie, convié à se réunir, à Tananarive, en janvier 1919, en une « Conférence économique » les délégués des assemblées locales existantes et ceux des anciens comices agricoles qu'avait supprimés l'arrêté du 4 juin 1918 créant les chambres consultatives du commerce, de l'industrie et de l'agriculture.

D'une part, il lui était apparu que le comité consultatif permanent des études économiques, composé de quinze membres seulement, tous domiciliés à Tananarive, dont cinq fonctionnaires, et plusieurs autres désignés par le Gouverneur Général, ne correspondait plus aux aspirations de la colonisation sous ses formes multiples, dans l'ensemble de la Colonie et aux nécessités du rapprochement de tous les intérêts économiques régionaux, de leur étude faite en commun pour la détermination de ce qui est conforme à l'intérêt général.

D'autre part, le Gouvernement Général s'était préoccupé des doléances auxquelles avaient donné lieu les dispositions de l'arrêté du 4 juin 1918 sur les chambres consultatives du commerce, de l'industrie et de l'agriculture.

Ce texte avait eu pour effet de supprimer les comices agricoles et de faire disparaître certaines assemblées consultatives, de sorte qu'on y avait vu des mesures restrictives de la représentation des intérêts économiques régionaux auprès des pouvoirs publics.

*
* *

Le Gouvernement local entendait encore rechercher les modifications à apporter au décret constitutif du conseil d'administration de la Colonie de façon à ouvrir plus largement aux représentants du commerce, de l'industrie et de l'agriculture l'accès de cette assemblée. Il considérait enfin qu'il fallait réserver une place dans les assemblées locales à l'élément indigène.

Telles sont les vues suivant lesquelles il avait inscrit au programme des travaux de la conférence de janvier 1919 « la représentation des intérêts économiques ».

Les propositions formulées par la conférence ont donné lieu, de divers côtés, après la clôture des travaux de cette assemblée et au fur et à mesure qu'ils ont été connus, à la présentation d'idées nouvelles et parfois opposées que le Gouvernement de la Colonie s'est fait un devoir d'étudier, de la façon la plus attentive.

Il a poursuivi cette étude, au cours de l'année dernière, avec le souci de concilier, autant que possible, tous les intérêts en jeu et de n'en négliger aucun.

Il a voulu, aussi, ménager les délais nécessaires pour que nos combattants pussent, après la paix glorieuse due à leur vaillance et à leurs sacrifices, prendre leur place dans les collèges électoraux.

Il a été amené ainsi à concevoir, pour la représentation des intérêts économiques, la création de trois organismes solidaires :

le conseil consultatif des intérêts économiques, pour l'ensemble de la Colonie ;

le conseil de gouvernement qui, appelé à participer à l'examen des affaires importantes, de tous ordres, demandera une partie de ses membres au conseil consultatif ;

les chambres consultatives ou de plein exercice du commerce, de l'agriculture et de l'industrie à réorganiser sur la base de la formation d'un collège électoral très élargi et de la création automatique de ces assemblées dès que se trouvera réuni, en chaque subdivision administrative, un nombre minimum d'électeurs, de façon que la représentation des intérêts régionaux ne soit pas paralysée par les difficultés des communications.

*
* *

Après de multiples consultations et mûre réflexion, le Gouvernement Général a cru devoir se déterminer à établir sur le principe électif, la constitution des assemblées représentatives des intérêts économiques, tant régionaux que généraux.

La préparation des deux arrêtés ayant pour objet d'une part la réorganisation des chambres consultatives, d'autre part, la création du conseil consultatif des intérêts économiques à substituer au comité actuel a été poursuivie simultanément dans cet esprit. Elle devait aboutir, en premier lieu, au texte qui est soumis aujourd'hui au conseil d'administration dans sa forme définitive, la réorganisation des chambres consultatives soulevant des questions de détail que ne posait pas la création du conseil consultatif et ayant, par conséquent, exigé pour la réunion de tous les éléments nécessaires à la solution complète, un supplément de délais. J'ajoute que le conseil d'administration sera saisi, à bref délai, du projet d'arrêté concernant les chambres consultatives.

*
* *

Le projet initial sur le conseil consultatif, tout en faisant application du système électif, demeurait inspiré de certaines dispositions de l'arrêté du 17 janvier 1918. C'est ainsi que tout en constituant la majorité par les élus des chambres du commerce, de l'agriculture et de l'industrie et des chambres consultatives à raison d'un membre du conseil par chambre, il admettait, en outre, dans la nouvelle assemblée, les membres titulaires, suppléants et honoraires du conseil d'administration, les délégués de divers syndicats professionnels ou autres groupements spéciaux et le représentant du Comptoir National d'Escompte de Paris.

Un examen complémentaire de la question et les idées échangées en dernier lieu à ce sujet entre l'administration locale et le comité consultatif des études économiques ont démontré qu'il serait contraire aux nécessités mêmes de la complète représentation des intérêts économiques, de recourir encore à la formation mixte, alors que l'essence de la réforme consiste à demander aux suffrages des colons, la désignation de leurs représentants.

Au surplus, l'étude de la loi du 21 mars 1884, qui fixe les conditions suivant lesquelles les syndicats peuvent se constituer, a fait ressortir que leur admission au sein du conseil consultatif des intérêts économiques serait de nature à fausser complètement le système représentatif. Les syndicats, en effet, ont la faculté de se multiplier sans limite et il suffit de quelques personnes réunies par un même intérêt professionnel pour former un syndicat, de sorte que la disposition qui aurait pour résultat d'introduire au sein du conseil des délégués de ces groupements, reviendrait à multiplier sans limite la représentation de certaines professions au détriment de certains autres intérêts.

Le nouveau texte comporte donc l'application intégrale du système électif ; et, pour assurer à tous les intérêts la faculté

de se faire représenter au sein du conseil, il prévoit deux
délégués par chambre. Il spécifie, en outre, que le conseil
pourra entendre, à titre consultatif, toute personne susceptible
de l'éclairer dans ses travaux.

*
* *

Le projet revisé a été inspiré encore de la considération
que les attributions du futur conseil consultatif gagneraient
à être précisées. Il prévoit donc sa consultation obligatoire
pour l'étude des grosses questions d'intérêt économique général.

Il tend, d'autre part, à assurer, d'une façon plus étroite, la
collaboration du conseil consultatif avec le Gouvernement de
la Colonie et les divers services publics. Dans cet esprit, il
comporte des dispositions analogues à celles adoptées pour les
assemblées départementales de France et pour celles de nos
anciennes colonies où les représentants de l'autorité, les gou-
verneurs, ouvrent la session, afin d'exposer les vues du gouvernement sur le programme des questions d'intérêt économique dont la solution ou le règlement est à rechercher ou à
poursuivre.

Dans le même esprit de collaboration étroite, il a paru utile
qu'un représentant du chef de la Colonie assistât aux séances
pour donner tous les renseignements utiles sur les projets et
propositions que le conseil est appelé à étudier.

Des considérations de même ordre motivent la faculté pour
le conseil consultatif de demander au Gouverneur Général
d'entendre les chefs d'administration ou de service sur les
matières rentrant dans leurs attributions.

*
* *

Le projet prévoit que le conseil sera constitué dès le 1er
juillet prochain. C'est le délai indispensable pour la réorganisation des chambres consultatives et pour les opérations élec-
torales qu'exige tant leur propre formation que l'élection des
membres du conseil dans toute l'étendue de la Colonie.

Avec des chambres consultatives plus spécialement appe-
lées à étudier les questions d'intérêt économique régional
et le futur conseil de gouvernement dont l'organisation est
actuellement à l'étude, le conseil consultatif dans lequel le
conseil de Gouvernement puisera d'ailleurs une partie de ses
membres, formera un tout solide assurant la complète représentation des intérêts économiques de l'ensemble du pays.

ARRÊTÉ

organisant le conseil consultatif des intérêts économiques de Madagascar et Dépendances

---

Le Gouverneur Général p. i. de Madagascar et Dépendances, officier de la Légion d'honneur,

Vu les décrets des 11 décembre 1895 et 30 juillet 1897 ;

Vu l'arrêté du 17 janvier 1918 réorganisant sous le nom de comité consultatif permanent des études économiques, le comité consultatif constitué par décision du 10 novembre 1916 ;

Vu l'arrêté du 24 octobre 1919 promulguant dans la colonie le décret du 12 juin 1919 sur les chambres du commerce, de l'industrie et de l'agriculture ;

Le conseil d'administration entendu,

Arrête :

TITRE Ier

CONSTITUTION ET COMPOSITION

ART. 1er. — Il est institué auprès du Gouverneur Général un conseil consultatif des intérêts économiques de Madagascar et Dépendances.

ART. 2. — Le conseil consultatif des intérêts économiques est composé de :

Deux délégués citoyens français de chacune des chambres du commerce, de l'industrie et de l'agriculture, telles qu'elles seront constituées en exécution du décret du 12 juin 1919 ;

Deux délégués citoyens français de chacune des chambres consultatives du commerce, de l'industrie et de l'agriculture ;

Un délégué indigène de chacune des chambres du commerce, de l'industrie et de l'agriculture et de chacune des chambres consultatives du commerce, de l'industrie et de l'agriculture.

Il est adjoint au conseil un commis secrétaire, archiviste désigné par le Gouverneur Général parmi les fonctionnaires de la Colonie.

ART. 3. — Les membres du conseil sont élus pour deux ans ; leur mandat peut être renouvelé.

ART. 4. — A chaque session ordinaire, le conseil élit son bureau composé de :

Un président,
Deux vice-présidents,
Un secrétaire.

ART 5. — Dans l'intervalle des sessions ordinaires prévues au titre III ci-après, le conseil consultatif est représenté par une commission permanente qui siège à Tananarive.

La commission permanente du conseil consultatif des intérêts économiques est composée de :

8 membres européens et 4 membres indigènes titulaires ;

6 membres européens et 3 membres indigènes suppléants, tous élus par le conseil en fin de chaque session ordinaire.

La commission permanente nomme son bureau qui est constitué par un président, un vice-président et un secrétaire.

Les membres de la commission permanente sont nommés pour l'intervalle de deux sessions ordinaires. Leur mandat peut être renouvelé.

TITRE II

ATTRIBUTIONS

ART. 6. — Les attributions du conseil-consultatif sont fixées comme suit :

1° Le conseil consultatif donne obligatoirement son avis sur :

a) le mode d'assiette et les règles de perception des contributions et taxes ;

b) les emprunts à contracter et les garanties pécuniaires à consentir ;

c) Les régimes douanier, minier, foncier et bancaire ;

d) les plans de campagne des travaux publics ;

e) les changements proposés aux grandes circonscriptions territoriales ;

f) le régime de la main-d'œuvre autochtone ou immigrée ;

g) les conditions de culture et d'exportation des produits du crû ;

h) les conditions d'amélioration et d'exportation du cheptel local ;

i) les conditions de ravitaillement de la Métropole et de la Colonie ;

j) les conditions générales des transports maritimes et terrestres ;

2° Il est appelé, en outre, à donner son avis sur toutes les autres questions d'ordre économique ou financier, qui sont soumises à son examen par le Gouverneur Général ;

3° Il peut, enfin, prendre l'initiative de présenter ses propositions ou ses vœux sur les autres questions d'intérêt économique général. Dans ce cas, le président communique l'ordre du jour de la séance au Gouverneur Général, deux jours avant de lancer les convocations.

ART. 7. — Toute délibération d'ordre politique est interdite au conseil consultatif.

Toute question non inscrite à l'ordre du jour préalablement communiqué au Gouverneur Général ne peut être mise en délibération.

TITRE III

FONCTIONNEMENT

ART. 8. — *Sessions ordinaires*. — Le conseil se réunit en session plénière ordinaire sur la convocation du Gouverneur Général. Les sessions se tiennent à Tananarive ou dans tel centre de la Colonie qui sera fixé par l'arrêté de convocation. Elles ont lieu une fois par an, dans le courant du mois d'août ou de septembre.

Sessions extraordinaires. — Des sessions plénières extraordinaires peuvent également avoir lieu sur la convocation du Gouverneur Général.

La commission permanente se réunit sur la convocation de son président, chaque fois qu'elle le juge utile, mais au moins une fois dans la première semaine de chaque trimestre.

Les procès-verbaux sont obligatoirement communiqués par les soins du président aux membres du conseil consultatif qui ne font pas partie de la commission permanente.

En cas d'absence ou d'empêchement, les présidents du conseil consultatif et de la commission permanente sont remplacés régulièrement par les vice-présidents.

ART. 9. — *Représentation des pouvoirs publics*. — L'ouverture de chaque session plénière du conseil consultatif est faite par le Gouverneur Général ou son délégué, le secrétaire général.

Le secrétaire général, représentant l'administration, assiste aux séances du conseil et donne tous les renseignements utiles sur les projets et propositions que le conseil est appelé à étudier.

ART. 10. — Les autres chefs d'administration ou de service assistent également aux séances du conseil, sur la demande de ce dernier et avec l'autorisation du Gouverneur Général. Ils sont entendus sur les matières qui rentrent dans leurs attributions.

Le secrétaire général et les chefs d'administration ou de service peuvent également assister, dans les mêmes conditions, aux séances de la commission permanente.

Le conseil et la commission permanente peuvent, d'autre part, appeler et entendre, mais à titre consultatif seulement, toute personne susceptible de les éclairer dans leurs travaux.

ART. 11. — *Quorum*. — Les délibérations du conseil ne sont valables qu'autant que la moitié plus un au moins de ses membres y a concouru.

Les délibérations sont prises à la majorité des voix. En cas de partage égal des voix, celle du président est prépondérante.

Les procès-verbaux des réunions doivent être notifiés au Gouverneur Général préalablement à toute publicité.

Les prescriptions relatives aux délibérations du conseil s'appliquent également aux délibérations de la commission permanente.

Art. 12. — Il est tenu registres des procès-verbaux des réunions, lesquels sont cotés et paraphés par les présidents et secrétaires du conseil et de sa commission permanente.

Le Gouverneur Général peut toujours avoir communication des dits registres à la diligence des présidents du conseil consultatif et de la commission permanente.

Les procès-verbaux des sessions plénières, ordinaires ou extraordinaires, sont publiés par les soins du Gouvernement Général.

Art. 13. — *Subvention.* — Il est alloué sur les fonds du budget local une subvention pour les dépenses résultant du fonctionnement du conseil et de la commission permanente (frais de bureau, archives, bibliothèque, etc.).

Cette subvention est fixée, chaque année, par arrêté du Gouverneur Général.

Art. 14. — Les membres du conseil consultatif et de la commission permanente, convoqués aux réunions, voyagent sur ordre de route.

Pour les transports et les indemnités journalières de route et de séjour, lesquelles leur seront dues pendant les voyages et la durée des sessions : les membres européens sont assimilés aux fonctionnaires de la 1re catégorie B ; les membres indigènes sont assimilés aux fonctionnaires indigènes de la 1re catégorie.

Les membres titulaires et suppléants de la commission permanente non domiciliés à Tananarive bénéficieront, en outre, en dehors des sessions plénières, ordinaires ou extraordinaires du conseil, du transport aux frais de la Colonie et des indemnités journalières de route et de séjour à Tananarive, à raison d'un voyage aller et retour et de cinq jours de présence au chef-lieu par trimestre.

Dans le cas où, au cours d'un trimestre, ils seraient convoqués plusieurs fois, les voyages et indemnités seraient précomptés sur ceux prévus pour les trimestres suivants.

Art. 15. — Les présidents en exercice du conseil consultatif et de la commission permanente correspondent en franchise postale, et pour les cas d'urgence, en franchise télégraphique avec le Gouverneur Général et tous les membres de ces assemblées.

Art. 16. — Toute infraction aux prescriptions de l'article VI, troisièmement, et des articles VII et XI entraîne la nullité de plein droit de la délibération et la suppression à la diligence du président ou, en cas d'empêchement, des vice-présidents aux registres du conseil ou de la commission permanente, de la partie du procès-verbal la relatant.

En cas d'inexécution par le conseil, la nullité est déclarée par le Gouverneur Général et l'exécution est assurée à la diligence de l'administration.

En cas de récidive ou en cas d'opposition par le conseil

ou la commission permanente à la communication des registres
au Gouverneur Général, communication prévue par l'article
XII, la dissolution du conseil ou de la commission permanente pourra être prononcée par arrêté du Gouverneur Général.

DISPOSITIONS TRANSITOIRES

ART. 17. — Passé un délai de trois années, à compter du
1er juillet 1920, la connaissance de la langue française sera
exigée des membres indigènes appelés, conformément aux dispositions de l'article II du présent arrêté, à faire partie du
conseil consultatif.

ART. 18. — Le présent arrêté entrera en vigueur le 1er
juillet 1920, date à laquelle sera abrogé celui du 17 janvier 1918.

Toutefois, le comité consultatif permanent des études économiques tel qu'il est constitué par l'arrêté du 17 janvier 1918
demeurera en fonctions jusqu'au jour de l'ouverture de la
première session du conseil consultatif des intérêts économiques.

ART. 19. — M. le secrétaire général est chargé de l'exécution
du présent arrêté qui sera inséré au *Journal Officiel* de la
Colonie et publié ou communiqué partout où besoin sera.

Tananarive, le 30 janvier 1920.

GUYON.